Sucrage des Vendanges et des Cidres

PRÉCIS

DES

DROITS ET DES DEVOIRS

ENVERS LA RÉGIE

Des Producteurs ou Acheteurs de Vins ou de Cidres

QUI EXERCENT

LE SUCRAGE AVEC MODÉRATION DE TAXE

Prix : 60 Centimes

REIMS

IMPRIMERIE ET LITHOGRAPHIE DE L'INDÉPENDANT REMOIS

40, Rue de Talleyrand, 40

1887

PRÉCIS

DES

DROITS ET DES DEVOIRS

ENVERS LA RÉGIE

Des Producteurs ou Acheteurs de Vins ou de Cidres

QUI EXERCENT

LE SUCRAGE AVEC MODÉRATION DE TAXE

Prix : 60 Centimes

REIMS

IMPRIMERIE ET LITHOGRAPHIE DE L'INDÉPENDANT RÉMOIS

40, Rue de Talleyrand, 40

1887

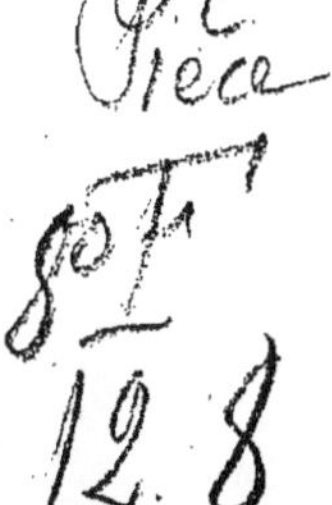

PARTIES ESSENTIELLES DE CET OUVRAGE

A CONSULTER

⋆
⋆ ⋆

Tous les producteurs de vins ou de cidres savent que les sucres destinés à entrer dans la préparation de ces boissons peuvent bénéficier d'une grande réduction de taxe.

Mais, en général, ils ne connaissent que très imparfaitement les conditions auxquelles est subordonné le dégrèvement que la loi leur accorde.

De là, pour eux, de grands ennuis, des difficultés sans nombre, des pertes de temps énormes, et même parfois la perte complète de l'exercice de leur droit.

L'objet de ce petit livre est de remédier à cette fâcheuse situation, en indiquant aux intéressés leurs droits et leurs devoirs, succinctement, mais avec toute la précision possible.

Puissions-nous avoir atteint notre but, et, dans cette humble mesure, avoir ainsi contribué au bien public.

⋆ ⋆ ⋆

PRÉCIS

DES

DROITS ET DES DEVOIRS

ENVERS LA RÉGIE

Des Producteurs ou Acheteurs de Vins ou de Cidres

QUI EXERCENT

LE SUCRAGE AVEC MODÉRATION DE TAXE

—————·ọ·—————

MODE D'IMPOSITION ET TARIF DES SUCRES

——————————

1. Les sucres cristallisés, autres que les candis, sont imposés, en France, d'après leur poids et leur degré de pureté.

L'état de pureté est divisé en 100 degrés.

On emploie généralement, pour le sucrage des vendanges, des sucres en poudre, dits bruts, titrant de 70 à 98 degrés.

2. Les sucres bruts et raffinés employés au sucrage des vins, cidres et poirés, sont imposés actuellement à raison de 24 fr. par 100 kilog. de sucre à 100 degrés.

Le droit est de 60 fr. pour les mêmes sucres employés dans tous les autres cas.

L'atténuation do l'impôt, on faveur des sucres destinés au sucrage des vins, est donc de 36 fr. par 100 kilog.

*
* *

3. Relativement aux sucres bruts, la loi accorde une déduction de un et demi pour cent, sur la quantité de sucre pur qu'ils contiennent.

*
* *

4. *Exemples de calculs pour déterminer la quantité de sucre imposable et le droit afférent à cette quantité.*

	Soit 100 kil. de sucre brut à 70°	Soit 100 kil. de sucre brut à 98°
Quantités de sucre brut	100ᵏ	100ᵏ
Degrés	70°	98°
Produits divisés par 100	70ᵏ	98ᵏ
Déduction de 1 ¹/₂ °/₀ (fractions supprim.).	1ᵏ	1ᵏ
Différences à imposer	69ᵏ	97ᵏ
Taxe	24ᶠ	24ᶠ
A payer	16ᶠ56	23ᶠ28

———— ⊙ ————

DISPOSITIONS RELATIVES AU SUCRAGE
DES VINS

Faculté du sucrage avec taxe réduite pour les récoltants ou les acheteurs de vendanges.

5. Les viticulteurs, les vignerons, propriétaires ou fermiers, et les acheteurs de vendanges, peuvent employer des sucres avec modération de taxe, soit pour relever le degré alcoolique de la totalité ou d'une partie du vin provenant de leur récolte ou de leurs achats, soit pour utiliser les marcs de leurs vendanges, en faisant des vins de marcs.

Les vendanges ou vins ne doivent pas être fermentés.

Les marcs doivent provenir exclusivement de raisins frais.

Limitation de la quantité de sucre à employer.

6. La quantité maximum de sucre pouvant être employée à droit réduit est de 20 kilog. par 3 hectolitres de vendanges ou 2 hectolitres de vin, lorsqu'il s'agit de relever le degré alcoolique des vins de première cuvée.

Elle est de 50 kilog. pour les mêmes quantités de vendanges ou de vins, quand il s'agit de la fabrication des vins de marcs.

*
**

7. Ainsi, par exemple, si l'on veut relever le degré alcoolique de 30 hectolitres de vendanges ou de 20 hecto-litres de vin (quautités équivalentes), et qu'avec les rési-dus on veuille ensuite fabriquer des vins de marcs, on pourra employer 700 kilog. de sucre.

Si l'on veut seulement augmenter la force alcoolique de cette quantité de vendanges, la quantité de sucre à employer sera limitée à 200 kilog.

Si l'on se borne à fabriquer des vins de marcs, avec la même quantité de vendanges, on ne pourra mettre en œuvre que 500 kilog. de sucre.

*
**

8. Il n'est question ici que de sucre pur, de sucre à 100 degrés.

Ainsi, quand, par exemple, on a le droit d'employer avec taxe réduite 800 kilog. de sucre, on peut mettre en œuvre, à son gré, 800 kilog. de sucre pur ou raffiné ou 1,000 kilog. de sucre à 80 degrés, ou telle autre quantité de sucre brut qui ne représente pas plus de 800 kilog. de sucre pur.

Demande à établir pour exercer le sucrage avec taxe réduite.

---

9. Les récoltants ou acheteurs qui veulent employer des sucres avec modération de taxe, doivent adresser, quinze jours au plus tard avant la récolte, une demande écrite au directeur ou au sous-directeur des Contributions indirectes de leur circonscription.

Cette demande doit être rédigée sur papier timbré.

Elle doit contenir les indications suivantes :

Nom, qualité et demeure du demandeur ;

Quantité approximative de vendanges ou de vins, pour laquelle le sucrage est demandé ;

Poids approximatif du sucre à mettre en œuvre ;

Désignation du lieu où le requérant désire procéder à l'opération.

Voir page 22, un modèle de cette demande.

La requête est envoyée à son adresse par la poste ou par toute autre voie.

*
**

10. Le récoltant qui ne doit employer qu'une quantité de sucre inférieure à 500 kilog. et qui veut procéder à la dénaturation au dépôt autorisé, peut se dispenser de faire une demande écrite.

Dans ce cas, il fait consigner sa demande au dépôt, sur un bordereau collectif.

Ce bordereau est rempli par le dépositaire et contient les mêmes indications que la demande individuelle.

*
**

11. Lorsque la demande est inscrite sur le bordereau, le délai de quinze jours, dont il est parlé au n° 9, n'est pas exigé.

*
**

12. La faculté d'inscription de la demande au bordereau du dépôt n'est pas accordée aux acheteurs de vendanges. Ceux-ci sont toujours tenus de produire une demande spéciale.

*
* *

13. A défaut de dispositions contraires dans la loi, le sucrage peut être exercé, en tous lieux, même dans les localités qui ne sont pas originaires des produits à sucrer.

Conséquemment la demande définie ci-dessus peut être adressée au directeur d'une circonscription dépourvue de vignobles, lorsque le sucrage doit y être opéré.

*
* *

14. Assez souvent, les récoltants ou acheteurs qui n'ont demandé l'autorisation de sucrage que pour une partie de leurs vendanges, sont amenés à employer une plus grande quantité de sucre que celle qui a fait l'objet de leur requête et de l'autorisation concédée.

Ils se trouvent alors dans la nécessité de faire une nouvelle demande, et, si l'on n'est plus dans le délai voulu, cette demande peut ne pas être accueillie.

Ils s'épargneront ces désagréments, s'ils demandent toujours l'autorisation d'employer la quantité maximum de sucre que peut comporter l'ensemble des produits à récolter ou à acheter, sauf, bien entendu, à n'user à leur gré que d'une partie quelconque de cette quantité.

*
* *

15. Le moyen que nous préconisons ci-dessus s'écarte de l'esprit des dispositions des 3e et 4e paragraphes de l'article 2 du décret du 22 juillet 1885.

Néanmoins nous en recommandons la pratique, attendu qu'il ne porte aucune atteinte aux intérêts de l'Etat et qu'il simplifie son service, du même coup qu'il sert les convenances et les intérêts des contribuables.

Du reste, les paragraphes précités ne nous paraissent susceptibles d'aucune sanction.

*
* *

16. En l'absence de motifs de rejet, le directeur de la Régie répond à la demande qui lui est soumise par la concession de l'autorisation requise.

Il décide en même temps du lieu où les opérations de sucrage seront effectuées, soit au domicile, soit au dépôt.

Le tout sous la condition que l'autorisé aura à prendre jour et heure avec le chef local de la Régie (contrôleur, receveur ou chef de poste), pour la dénaturation des sucres, à moins que le directeur n'ait été en mesure de fixer lui-même le moment de l'opération.

Cette concession fait l'objet d'une lettre qui est remise au requérant par les soins du service.

Approvisionnement de sucres

---

17. Les récoltants ou acheteurs peuvent se procurer des sucres à droit réduit dans les dépôts spéciaux dont la Régie autorise l'ouverture, dans les centres vinicoles, à l'époque des vendanges.

Ils peuvent en tirer également des fabriques, des raffineries, des entrepôts ou de la douane d'importation.

Ils n'en peuvent obtenir à taxe réduite dans aucune autre sorte d'établissements.

*
* *

18. Le droit réduit est acquitté par l'expéditeur à l'enlèvement des sucres.

*
* *

19. Le transport a lieu avec un acquit-à-caution que le destinataire est tenu de remettre aux employés de la Régie.

20. Le destinataire est obligé, sous peine d'une amende de 96 fr. par 100 kilog., de représenter au service les chargements de sucres, dans l'état où il les a reçus, jusqu'au moment de leur mise en œuvre.

21. Lorsque, après l'achèvement des opérations, des sucres sont restés sans emploi, leurs détenteurs peuvent les conserver pour leur consommation, moyennant le paiement de la taxe complémentaire de 36 fr. par 100 kilog. (différence entre le tarif ordinaire et le tarif réduit), ou bien les renvoyer, avec acquit-à-caution, à leur expéditeur, mais dans le cas seulement où ces sucres auraient été expédiés d'une fabrique ou d'un entrepôt.

Modes de dénaturation des sucres. — Jour et heure à prendre avec la Régie, pour effectuer cette opération.

---

22. Les opérations de sucrage ont lieu sous la direction et la surveillance des agents de la Régie.

Toutefois si les employés ne sont pas présents aux jour et heure indiqués pour ces opérations, les dénaturateurs sont autorisés à y procéder. (Article 8 du décret du 22 juillet 1885. – Voir page 28).

*
**

23. Les récoltants ou acheteurs font connaître au chef local de la Régie, le jour et l'heure où ils désirent procéder à la dénaturation des sucres. Celui-ci les accepte ou en fixe d'autres.

*
**

24. La totalité des sucres à employer par un même producteur, peut être dénaturée portion par portion, et à différentes dates.

*
**

25. Dans le cas où il ne peut être procédé à la dénaturation, au jour et à l'heure indiqués, le producteur doit en prévenir le même chef, qui, alors détermine à nouveau le jour et l'heure ou l'opération s'accomplira.

*
**

26. Pour la dénaturation des sucres, deux procédés seulement sont autorisés, savoir :

1° Le mélange intime avec le sucre, d'un poids au moins égal de raisins frais foulés, ce qui constitue le mélange ;

2° Le versement du sucre dans les cuves de fermentation ou dans les moûts, avec imbibition complète.

27. A propos de l'exécution des formalités énoncées ci-dessus, il surgit très souvent une foule de difficultés.

On les évitera, ou, du moins, on les atténuera dans une grande mesure, si l'on suit la marche tracée ci-après.

28. Autant que cela leur est possible, les récoltants ou acheteurs ont intérêt à dénaturer leur sucre par malaxage.

Ils peuvent se livrer à cette opération quelques jours avant les vendanges, au moyen d'une petite récolte, prématurément faite à cet effet ; et, comme le sirop ainsi obtenu peut se conserver en bon état pendant plusieurs semaines, ils procèdent ensuite à loisir à la préparation de leurs vins.

29. Si quelque producteur désirait employer un mode de dénaturation autre que les deux consacrés, il devrait en faire assez à l'avance l'objet d'une demande à la Régie, sans cela, il s'exposerait au refus de l'innovation, au moment indiqué pour la dénaturation et à l'ajournement de l'opération.

30. Aussitôt que les récoltants ou acheteurs peuvent arrêter le moment où ils seront en mesure de dénaturer leurs sucres, nous leur recommandons de le faire connaître par lettre au chef local de la Régie et de demander expressément que la réponse fixant le jour et l'heure de l'opération soit également faite par écrit.

La fixation écrite du jour et de l'heure de la dénaturation a une très grande importance, attendu qu'elle permet, en cas d'absence de la Régie, au moment indiqué, de passer outre à l'opération.

En cette occurrence, le défaut de fixation écrite pourrait exposer le dénaturateur à des contestations et même à la perte du bénéfice du droit réduit.

Voir page 24, le modèle III.

*
**

31. Il va sans dire que si l'on devait dénaturer en l'absence de la Régie, les cordes et plombs fermant les enveloppes des sucres seraient librement rompus.

S'il en était autrement, le droit d'opérer en l'absence de la Régie ne pourrait jamais être exercé; ce qui n'est pas et ne peut pas être.

*
**

32. Il est à remarquer que dans les instructions de la Régie, ainsi que dans le règlement d'administration publique du 22 juillet 1885, rendu pour la mise en pratique du sucrage, le point très important, capital même, pour les récoltants ou acheteurs, de la fixation du moment de la dénaturation des sucres, a été négligé.

On y voit seulement que les producteurs ou acheteurs peuvent exprimer à la Régie le moment où ils désirent procéder à la dénaturation de leurs sucres, et qu'il appartient à celle-ci de fixer ce moment.

Mais il n'y est pas dit clairement quel est le fonctionnaire chargé de faire cette fixation. Est-ce le directeur? est-ce le chef local?

On n'y trouve pas non plus la procédure à suivre pour l'obtenir, ni les délais à observer.

Il semble toutefois résulter des instructions de la Régie que la fixation du moment de la dénaturation des sucres destinés à entrer dans les vendanges, est dévolue au chef local ; tandis que pour les sucres destinés à être versés dans les cidres, la fixation du moment de la dénaturation paraît revenir au directeur.

Nous disons que la forme de la manifestation du désir des viticulteurs, relative à la fixation du moment de la dénaturation, n'est pas réglée. Mais il est évident, ainsi que nous l'avons expliqué au n° 30, que cette manifestation doit être faite par écrit et qu'elle comporte une réponse écrite.

Il n'y a pas non plus de règle, quant au temps où cette manifestation doit être produite.

Dès lors, quand cela leur est possible, et en vue de s'épargner la confection de la lettre dont il s'agit au n° 30, les récoltants ou acheteurs peuvent indiquer dans leur demande de sucrage, le moment où ils désirent procéder à la dénaturation des sucres. (Voir page 22 le nota *(b.)*

Dans ce cas, ainsi invitée, la Régie insérera sans doute, dans la lettre d'autorisation de sucrage définie au n° 16, le jour et l'heure où les sucres devront être dénaturés.

Certificat de l'autorité municipale

---

33. Au moment de la dénaturation des sucres, les récoltants doivent représenter aux employés de la Régie, un certificat de l'autorité municipale *du lieu de production* indiquant l'importance approximative de leur récolte de l'année.

Il est à remarquer qu'il s'agit ici de la récolte entière, et non de la portion de cette récolte à l'égard de laquelle on exercerait seulement le sucrage.

Le certificat de l'autorité municipale est établi sur papier timbré.

Voir page 23 un modèle de ce certificat.

*
* *

34. Les acheteurs de vendanges doivent produire un certificat semblable que l'autorité municipale aura délivré à leur vendeur, et ce certificat, indépendamment du chiffre approximatif de la récolte des vendeurs, mentionnera les quantités de vendanges par eux cédées.

*
* *

35. Les récoltants qui ne vendent qu'une partie de leurs vendanges peuvent naturellement exercer le droit de sucrage avec réduction de taxe sur les produits qui leur restent ; et, dans ce cas, nous ne pensons pas qu'un second certificat soit utile, à moins toutefois que le vendeur et l'acheteur n'opèrent dans des circonscriptions de direction de Régie différentes.

Justification de la mise en œuvre du sucre dénaturé au moyen du malaxage.

---

36. Lorsque le sucre a été dénaturé par le versement direct dans les cuves de fermentation, l'intervention de la Régie est terminée.

Mais quand le sucre a donné simplement lieu à un malaxage, la Régie a le droit de s'assurer pendant le mois qui suit l'opération, de la mise en œuvre du sucre dénaturé, en se faisant représenter une quantité de vin sucré correspondant à la quantité de sucre dénaturé, suivant les bases indiquées au n° 6.

*
* *

37. Si la totalité ou une partie du vin avait été vendue, les déclarations faites à la Régie seraient une justification, quant aux quantités enlevées.

*
* *

38. Un droit supplémentaire de 96 fr. par 100 kilog. de sucre, peut frapper les quantités de sucre dont l'emploi régulier ne serait pas justifié.

*
* *

39. Si la Régie ne se présente pas dans le délai d'un mois, le producteur est considéré comme libéré.

Par contre, si, à l'expiration de ce délai, celui-ci n'a pas encore fait emploi du sucre dénaturé, il est sous le coup du paiement du droit énoncé ci-dessus.

*
* *

40. Le droit, par la Régie, de se faire représenter le vin sucré, chez les récoltants ou acheteurs, est étroit, c'est-à-dire qu'il n'entraîne pas le droit de perquisition ni même celui d'investigation.

Privilége du bouilleur de cru

41. La Régie estime qu'à l'égard de la distillation des marcs de raisin provenant de la fabrication des vins de première ou de seconde cuvée qui ont reçu une addition de sucre, les récoltants conservent leur qualité de bouilleur de cru. Ils continuent donc de livrer ces résidus à l'alambic en toute liberté.

Il n'en est pas de même de la distillation des vins dans lesquels des sucres ont été versés, ni des marcs qui auraient reçu eux-mêmes, directement et séparément après la fabrication du vin, une addition de sucre. Dans ce cas, le récoltant perd son privilége : il devient bouilleur de profession.

Il va sans dire que le privilége subsisterait pour la distillation de la portion de vin qui n'aurait pas reçu de sucre.

— ⚬ —

DISPOSITIONS RELATIVES AU SUCRAGE

DES CIDRES ET POIRÉS

42. Pour exercer le sucrage avec taxe réduite, des cidres et des poirés, les récoltants ou acheteurs adressent ainsi que pour les vins, leur demande au directeur de la Régie de leur circonscription.

Ce chef fixe d'une part, le délai dans lequel les demandes doivent être produites ; d'autre part, le jour et l'heure où devra être opérée la dénaturation.

*
* *

43. Les sucres destinés au sucrage des cidres doivent être exclusivement dénaturés par le versement dans les moûts.

Le malaxage n'est autorisé que pour le sucrage des vins.

*
* *

44. La quantité maximum de sucre à employer est de 10 kilog. par 5 hectolitres de pommes ou de poires récoltées ou achetées, ou par 2 hectolitres de cidre ou de poiré.

*
* *

45. Il doit être produit un certificat analogue à celui qui est prescrit pour les vins. (Voir n°s 33 et 34.)

*
* *

46. Relativement aux cidres et poirés qui ont été additionnés de sucre, les récoltants perdent leur qualité de bouilleur de cru.

Ils la conservent naturellement pour les marcs et pour la portion de leurs cidres dans laquelle ils n'auraient pas versé de sucre.

*
* *

47. Sauf les exceptions exprimées ci-dessus, les règles relatives au sucrage des vins s'appliquent au sucrage des cidres.

48. L'incorporation de 1 kil. 700 gr. de sucre à 100 degrés dans les vins et les cidres produit environ un litre d'alcool pur.

1 kilog. 700 gr. de sucre pur augmentent donc d'un degré la force alcoolique d'un hectolitre de liquide.

*
**

49. L'alcool produit par le sucrage avant fermentation s'assimile complètement à l'alcool du vin et du cidre, ce qui n'a pas lieu lorsqu'on ajoute à ces boissons de l'alcool en nature.

Partant la boisson résultant du sucrage a plus de qualité que celle qui est additionnée d'eau-de-vie ou d'esprit.

Elle est aussi plus hygiénique.

————

50. La Régie a décidé que les autorisations relatives à l'ouverture des dépôts de sucres, prévus par l'article 3 du décret du 22 juillet 1885, ne seraient jamais accordées avant le 1er août.

Ces autorisations doivent être renouvelées chaque année.

I

Modèle de la Demande de sucrage

(A ÉTABLIR SUR PAPIER TIMBRÉ)

A . . . . le 188

MONSIEUR LE DIRECTEUR,

Je soussigné *(nom)* (*récoltant ou acheteur*), demeurant à . . . . . . ai l'honneur de vous demander l'autorisation d'employer [a] [b], sous le bénéfice de la modération de taxe :

1° . . . . . . kilog. de sucre pour relever la force alcoolique de . . . . . . hectolitres de (*vendanges, vins, cidres ou poirés*) ;

2° Et . . . . . autres kilog. de sucre pour fabriquer des vins de marcs avec les résidus des mêmes vendanges.

Je vous prie d'agréer, Monsieur le Directeur, mes salutations respectueuses.

(Signature)

(a) Mettre ici selon ses convenances :
Dans mon domicile, ou bien *au dépôt de* . . . .
(b) Faire suivre l'indication qui précède de celle *du jour et de l'heure où le requérant désire procéder à la dénaturation des sucres,* s'il est en mesure de porter cette mention. (Voir n° 32.)

II

Modèle du Certificat de l'Autorité municipale

(A ÉTABLIR SUR PAPIER TIMBRÉ)

Nous soussigné, Maire de la commune de . . . . .
certifions que M . . . . . . (*profession*) demeurant
à . . . . . a récolté ou récoltera approximativement
cette année, sur le territoire de notre commune, la quantité
de . . . . . hectolitres de (*vin ou vendanges, cidre
ou fruits à cidre*).

(a) . . . .

En foi de quoi nous avons délivré le présent certificat
audit sieur, pour valoir ce que de droit.

Fait à . . . . . le 188

(*Signature*)

(a) En cas de vente de vendanges ou de fruits et quand le certificat doit être utilisé par l'acheteur, il faut ajouter ici :

*Ledit sieur . . . . . nous a déclaré avoir vendu la totalité
ou . . . . hectolitres de la quantité énoncée ci-dessus,
à M . . . . . . (profession) demeurant à . . . . . .*

III

Modèle de la Lettre tendant à faire fixer le jour et l'heure de la dénaturation

A . . . . . le 188

Monsieur le *Directeur, Contrôleur, Receveur,*
ou Chef de Poste,

J'ai l'honneur de vous faire connaître que je désirerais pouvoir procéder le . . . . . prochain, à . . . . . heures du . . . . . . à la dénaturation des sucres qui ont été l'objet de l'autorisation concédée en ma faveur, à la date du . . . . . dernier, par M. le Directeur à . . . . .

Je vous prie en même temps, fort instamment, de vouloir bien me faire informer par écrit du jour et de l'heure que vous aurez fixés pour cette opération, afin que, le cas échéant, je puisse profiter en toute sûreté, de la seconde disposition du 1er paragraphe de l'article 8 du décret du 22 juillet 1885.

Veuillez agréer, Monsieur, mes salutations respectueuses.

(Nom, qualité et demeure très lisiblement écrits.

DÉCRET DU 22 JUILLET 1885

Le Président de la République Française ;

Sur le rapport du Ministre des Finances ;

Vu l'article 2 de la loi du 29 juillet 1884 sur les sucres, ainsi conçu :

« Les droits sur les sucres bruts où raffinés de toute ori-
» gine employés au sucrage des vins, cidres et poirés,
» avant la fermentation, sont réduits à 20 francs les
» 100 kilogrammes de sucre raffiné ;

» Un règlement d'administration publique déterminera
» préalablement les mesures applicables à l'emploi de ces
» sucres » ;

Le Conseil d'État entendu,

DÉCRÈTE :

ARTICLE PREMIER. —Les viticulteurs et vignerons qui se proposent d'employer du sucre, sous le bénéfice de la réduction de taxe accordée par l'article 2 de la loi du 29 juillet 1884, soit pour relever le degré alcoolique de la totalité ou d'une partie du vin provenant de leur récolte, soit pour utiliser les marcs de leur vendange en faisant des vins de marcs, adressent à cet effet, une demande écrite, individuelle ou collective, au directeur ou au sous-directeur des contributions indirectes de leur circonscription.

La même demande sera adressée par les personnes qui entendent bénéficier de la loi comme acheteurs de vendanges.

Les viticulteurs et vignerons qui ne doivent employer qu'une quantité inférieure à 500 kilogrammes, et qui ne demandent pas que les opérations aient lieu au siège de leur fabrication ou de la fabrication de l'un d'entre eux, peuvent se borner à faire consigner leur demande sur un bordereau collectif dans un dépôt autorisé ; cette faculté n'est pas accordée aux acheteurs.

Art. 2.— Les demandes doivent être faites, au plus tard, quinze jours avant la récolte ; elles indiquent :

Les noms, qualités et demeures des demandeurs ;

La quantité approximative de vin pour laquelle le sucrage est demandé ;

Le poids approximatif du sucre à mettre en œuvre.

Les demandes de dénaturation à domicile contiennent, indépendamment des énonciations qui précèdent, l'indication du lieu où les réquérants désirent procéder à l'opération.

Art. 3. — Aucun dépôt de sucres destinés à bénéficier de l'article 2 de la loi du 29 juillet 1884, ne peut être ouvert sans l'autorisation préalable de l'administration des contributions indirectes.

Cette autorisation doit être renouvelée chaque année.

L'administration détermine les conditions auxquelles doivent se conformer les dépositaires.

Art. 4. — L'administration, en tenant compte des possibilités et des exigences du service, du nombre et de l'importance des opérations, des distances et des communications :

1º Fixe le nombre et l'emplacement des dépôts par canton ;

2º Arrête les jours et les heures pendant lesquelles auront lieu, dans chacun d'eux, les opérations de dénaturation ;

3° Statue sur les demandes de dénaturation et décide quelles sont les opérations qui auront lieu à domicile et quelles sont celles qui auront lieu au dépôt autorisé.

Art. 5. — La dénaturation s'opère :

Dans les dépôts autorisés, par l'addition en mélange intime au sucre d'un poids égal ou supérieur de raisins frais foulés ;

A domicile, par le versement du sucre dans les cuves de fermentation ou dans les moûts.

Si, au jour et aux heures fixés pour l'opération à domicile, le versement dans les cuves ou dans les moûts n'est pas possible, ou si les agents ne peuvent revenir, la dénaturation peut s'opérer par le malaxage comme aux dépôts.

Art. 6. — Les quantités de sucres à employer pour relever le degré alcoolique des vins ne peuvent dépasser 20 kilogrammes par 3 hectolitres de vendanges.

Les quantités à employer pour la fabrication des vins de marc ne peuvent dépasser 50 kilogrammes pour la même quantité de vendanges.

La quantité de vendanges est constatée par des certificats de l'autorité municipale, qui sont remis au moment de l'opération par les récoltants.

Les acheteurs de vendanges remettent les certificats délivrés à leurs vendeurs ; ces certificats mentionnent les quantités de vendanges qui ont été cédées.

Art. 7. — En ce qui concerne les cidres et poirés, la dénaturation s'opère par le versement du sucre dans les moûts ; elle a lieu à domicile, au jour fixé par l'administration, toutes les fois que les récoltants ou leurs acheteurs en adressent la demande par écrit, dans les délais qui seront fixés par l'administration pour chaque circonscription.

Les quantités de sucres à employer au sucrage des cidres ou poirés ne peuvent dépasser 10 kilogrammes pour 5 hectolitres de pommes ou de poires récoltées ou achetées.

Art. 8. — Les opérations de sucrage ont lieu sous la direction et la surveillance de la Régie ; toutefois, si les employés ne sont pas présents au jour et aux heures indiqués par l'administration pour la dénaturation soit dans les dépôts, soit à domicile, il est procédé aux opérations.

Dans le cas où il ne peut être procédé à la dénaturation à domicile, l'administration doit en être immédiatement prévenue.

Art. 9. — Les dépositaires et les producteurs sont tenus de fournir le personnel et le matériel nécessaires aux opérations.

Art. 10. — Les sucres destinés au sucrage sont expédiés de la fabrique, de la douane d'importation ou de l'entrepôt, soit aux dépositaires, soit aux producteurs, libérés du droit de 20 francs et accompagnés d'acquits-à-caution.

Les sucres de betteraves sont renfermés dans des sacs ficelés et plombés ayant toutes les coutures à l'intérieur, du poids net de 100 kilogrammes.

Les sucres de canne sont expédiés soit dans les emballages d'origine, dûment plombés, soit en sacs, dans les conditions établies au paragraphe précédent. Ils sont accompagnés d'une note détaillée indiquant les poids, numéro et marque de chaque colis.

Les sucres raffinés doivent être en caisses ou sacs d'un poids uniforme fixé à l'avance par l'administration et régulièrement plombés. Ils auront été préalablement pulvérisés ou concassés en petits morceaux.

Dans ces divers cas, les frais de plombage seront remboursés à raison de 3 centimes par plomb, en conformité de l'arrêté du ministre des finances du 15 novembre 1879, rendu par application de l'article 20 de la loi du 31 mai 1846.

Les sucres raffinés sous le régime de l'admission temporaire en franchise qui sont destinés au sucrage peuvent être imputés à la décharge des sucres bruts importés sous ce régime.

A cet effet, ils sont représentés à un entrepôt de sucres indigènes ou à un bureau de douanes ouvert à ces opérations pour y être vérifiés. Un certificat constatant cette vérification et valable pour l'apurement des obligations d'admission temporaire est délivré aux déclarants, à charge par eux de payer le droit de 20 fr. par 100 kilogrammes et de souscrire l'acquit-à-caution exigé par le premier paragraphe du présent article.

Sous peine de non-décharge de l'acquit-à-caution, les sucres demeurent sous cordes et plombs jusqu'au moment de leur mise en œuvre.

Les quantités qui, après achèvement des opérations, restent en la possession du dépositaire ou du producteur, sont soumises à la taxe de 30 francs par 100 kilogrammes de sucre raffiné, à moins qu'elles ne soient dirigées, avec acquit-à-caution, par sacs ou colis entiers, ficelés et plombés, sur une fabrique ou un entrepôt réel.

ART. 11. — Les dépositaires sont soumis aux visites et vérifications des agents de la régie.

Il leur est ouvert un compte d'entrées et de sorties ; les excédents que fait ressortir la balance de ce compte sont constatés par procès-verbal et pris en charge ; les manquants sont passibles de la taxe de 30 francs par 100 kilogrammes de sucre raffiné.

ART. 12. — Les sucres dénaturés au dépôt ne sont admis à circuler que du lieu dans lequel a été opérée la dénaturation au domicile des producteurs, et accompagnés d'acquits-à-caution.

ART. 13. — Dans les cas où la dénaturation a été opérée par malaxage, les agents des contributions indirectes ont le droit, pendant le délai d'un mois, de se faire présenter, au domicile des producteurs, la justification de la mise en œuvre du sucre dénaturé, sous peine de non-décharge de l'acquit-à-caution.

ART. 14. — Le ministre des finances est chargé de l'exécution du présent décret, qui sera publié au *Journal officiel* et inséré au *Bulletin des lois*.

Fait à Paris, le 22 juillet 1885.

EXTRAIT DE LA LOI DU 27 MAI 1887

ARTICLE PREMIER. — Une surtaxe temporaire de 20 % est établie sur les sucres imposables de toute origine, y compris les sucres bruts, raffinés ou candis, qui sont déclarés pour le sucrage des vins et cidres, et sur les glucoses livrées à la consommation jusqu'au 31 décembre 1887.

TABLE DES MATIÈRES

Reims. — Imp. Indép. Rémoise. — J. Justinart.